Paris

1891

Durand (de Gros) Joseph- Pierre

L'instruction secondaire

L'INSTRUCTION SECONDAIRE

DISCOURS PRONONCÉ

PAR

M. J.-P. DURAND (DE GROS)

AVEC SON PORTRAIT

Et un Avant-Propos des Éditeurs

PARIS

ANCIENNE LIBRAIRIE GERMER BAILLIÈRE ET Cie

FÉLIX ALCAN, ÉDITEUR

108, BOULEVARD SAINT-GERMAIN, 108

1891

L'INSTRUCTION SECONDAIRE

PRINCIPAUX OUVRAGES DE M. J.-P. DURAND (DE GROS)

EN VENTE CHEZ FÉLIX ALCAN

Électro-dynamisme vital ou les relations physiologiques de l'esprit et de la matière démontrées par des expériences entièrement nouvelles et par l'histoire raisonnée du système nerveux. 1 fort vol. in-8°. Paris, 1855 (sous le pseudonyme de PHILIPS)... 7 fr.

Cours théorique et pratique de braidisme ou hypnotisme nerveux considéré dans ses rapports avec la psychologie, la physiologie et la pathologie, et dans ses applications à la médecine, à la chirurgie, à la physiologie expérimentale, à la médecine légale et à l'éducation (sous le pseudonyme de PHILIPS). 1 vol. in-8°. Paris, 1860.. 3 fr. 50

Essais de physiologie philosophique. 1 gros volume in-8° avec figures. Paris, 1866.. 8 fr.

Les Origines animales de l'Homme éclairées par la physiologie et l'anatomie comparatives. 1 vol. grand in-8° avec 42 figures dans le texte. Paris, 1871.. 5 fr.

Ontologie et psychologie physiologique. 1 vol. in-12. Paris, 1871.. 3 fr. 50

[illegible]. — Imprimeries réunies, rue Mignon, 2, Paris.

L'INSTRUCTION SECONDAIRE

DISCOURS PRONONCÉ

PAR

M. J.-P. DURAND (DE GROS)

AVEC SON PORTRAIT

Et un Avant-Propos des Éditeurs

PARIS

ANCIENNE LIBRAIRIE GERMER BAILLIÈRE ET Cie

FÉLIX ALCAN, ÉDITEUR

108, BOULEVARD SAINT-GERMAIN, 108

1891

AVANT-PROPOS

DES ÉDITEURS

Quelques Aveyronnais habitant Paris avons eu la pensée d'offrir un témoignage de respectueuse sympathie à notre savant compatriote M. J.-P. Durand (de Gros) (1), en publiant en plaquette, avec son portrait, le beau discours qu'il a dernièrement prononcé au banquet des anciens élèves du lycée de Rodez en faveur des études classiques. Plusieurs autres considérations nous ont décidés à donner suite à ce projet. La réorganisation de l'enseignement secondaire est

(1) DURAND (Joseph-Pierre, dit DURAND (DE GROS), et connu encore sous le pseudonyme de PHILIPS), physiologiste et philosophe français, né à Gros, près de Rodez (Aveyron), le 16 juin 1826. Il fit d'excellentes études classiques, d'abord au collège royal de Rodez, puis au collège Henri IV. Il n'avait que dix-huit ans lorsqu'il composa, sous ce titre ambitieux : *Coup d'œil sur la théorie générale de l'unité, ou principes de l'algèbre universelle*, un essai de métaphysique transcendante, dont il donna plus tard, dans le journal la *Presse scientifique des Deux Mondes* (1864), un extrait que, deux ans après (1866), il réédita à la suite de ses *Essais*

plus que jamais à l'ordre du jour, et il nous a paru que donner de la publicité aux vues si neuves, si suggestives, aux pensées si élevées et si fortes émises par M. Durand dans un si heureux langage ne pouvait

de physiologie philosophique. C'est un fragment sur la méthode générale, où M. Durand montre comment la classification des objets se fonde sur celle des caractères, laquelle s'obtient en sériant les caractères d'après l'ordre de généralité décroissante. En 1845, M. Durand se rendit à Montpellier pour y étudier la médecine; mais ses études médicales furent troublées par le mauvais état de sa santé, qui ne lui permettait de les poursuivre que d'une manière intermittente. Son père, grand agriculteur de l'Aveyron, appartenait au parti républicain et à l'école socialiste de Fourier. Le jeune Durand adopta les mêmes principes politiques et sociaux et donna, en 1847, quelques articles à la *Démocratie pacifique.* Il habitait Paris depuis un an, lorsque éclata la révolution de Février : il y prit part, notamment à l'affaire du Palais-Royal, où Raspail dirigeait l'action des insurgés. En 1850, il fit paraître à la *Propagande socialiste* un opuscule intitulé : *Petit Catéchisme politique et social, ou la Politique et le Socialisme mis à la portée de tout le monde,* avec ces mots pour épigraphe : « Le plus grand ennemi de l'homme, c'est l'ignorance. » « Ce qui n'est pas résolu à l'avance et à temps par la discussion, l'est toujours ensuite et trop tard par la violence. » Le coup d'État du 2 décembre 1851 l'arracha brusquement à la politique. Son père avait été arrêté avec les principaux républicains de Rodez, puis transporté en Afrique. Lui-même, pour échapper à la police bonapartiste, dut se cacher d'abord, et bientôt, sitôt qu'il le put, s'expatrier. Il s'embarqua à Boulogne pour l'Angleterre, après avoir erré un mois à travers la France. A Londres, il eut l'occasion de connaître les expériences de suggestion hypnotique récemment importées des États-Unis sous le nom d'*électro-biologie.* Il en fut très frappé et se fit initier aux mystères de ces pratiques. Pourvu de ce précieux savoir, il songea aussitôt à s'en servir pour augmenter ses ressources pécuniaires, pour rentrer en France, pour revoir son père interné en Algérie, et le délivrer s'il était possible. Il fit des conférences sur l'électro-biologie pendant l'année 1853, successivement à Bruxelles, à Alger, à Genève, à Marseille, et dans toutes ces villes avec un grand succès. Il se donnait pour un médecin américain du nom de Philips, et voyageait qu'aider à la solution de cette grave question sur laquelle les meilleurs esprits sont divisés. Enfin il se trouve qu'une autre célébrité aveyronnaise, qui nous est non moins chère, le poète Fabié, vient d'être mise

ainsi répandant les nouvelles connaissances dont il s'était constitué le missionnaire. De ces conférences sortit le livre intitulé : *Électro-dynamisme vital, ou les relations physiologiques de l'Esprit et de la Matière démontrées par des expériences nouvelles et par l'histoire raisonnée du système nerveux* (1855, in-8°).

Après avoir débuté par cet ouvrage dans la carrière scientifique, M. Durand se rendit en Amérique et se fit naturaliser citoyen des États-Unis, se fixa à Philadelphie, y reprit ses études médicales et y fut reçu docteur en médecine en 1857. L'amnistie lui permit de revenir dans son pays trois ans après (1860) et d'y vivre désormais en sécurité. Il put donc convier, à Paris même, le public à ses démonstrations théoriques et expérimentales sur l'hypnotisme, désigné alors sous le nom de *braidisme*, et faire paraître sur ce sujet un nouveau livre : *Cours théorique et pratique de braidisme ou hypnotisme nerveux, considéré dans ses rapports avec la psychologie, la physiologie et la pathologie, et dans ses applications à la médecine, à la chirurgie, à la physiologie expérimentale, à la médecine légale et à l'éducation* (1860, in-8°). En lisant les deux premiers ouvrages de M. Durand, le *Traité de l'électro-dynamisme vital* et le *Cours de braidisme*, on voit qu'il a devancé l'école de Nancy et l'école de la Salpêtrière dans l'étude positive des phénomènes de l'hypnotisme.

M. Durand a publié, depuis 1860, d'autres écrits intéressants, quelques-uns d'une grande importance. Nous citerons : *Influence réciproque de la pensée, de la sensation et des mouvements végétatifs*, mémoire suivi d'un rapport de M. le docteur Buchez et d'une réponse de l'auteur (1862, in-8°) ; *Dieu, les miracles et la science*, lettre à M. Ad. Guéroult (1863, in-8°) ; *Essais de physiologie philosophique* (1866, in-8°), ouvrage remarquable dans lequel M. Durand expose une théorie générale des organes qui, selon lui, est nécessaire pour compléter la théorie générale des tissus, due à Bichat, et pour achever la constitution de la biologie ; *la Philosophie physiologique et médicale à l'Académie de médecine* (in-8°) ; *De l'influence des milieux sur les caractères de race chez l'homme et les animaux* (1868, in-8°) ; *les Origines animales de l'homme éclairées par la physiologie et l'anatomie comparatives* en vedette comme représentant et porte-voix officiel de l'opinion pédagogique qui est la contre-partie de celle dont M. Durand s'est fait le champion. M. Fabié, professeur de l'*enseignement spécial* à Charlemagne, a été choisi par le Ministre, en raison même de sa spécialité, pour prononcer le discours d'usage à la prochaine distribution des prix du concours général des lycées de Paris; et c'est peut-être sans beaucoup d'exagération qu'un grand journal de la capitale a vu dans ce choix significatif un événement et presque une *révolution* (le mot a été prononcé). Pour nous, bien éloignés de vouloir opposer comme adversaire l'un de nos deux Aveyronnais à l'autre dans un débat où d'ailleurs

(1871, in-8°), ouvrage important comprenant deux parties : la première, consacrée à la défense de la théorie du polyzoïsme ou de la pluralité animale chez l'homme; la seconde, exposant en faveur de la doctrine transformiste et de la parenté zoologique de l'homme, les divers faits de déformations organiques dites virtuelles, en particulier la torsion de l'humérus; *Ontologie et Psychologie physiologique* (1871, in-12), recueil de morceaux de critique; *Études de philologie et de linguistique aveyronnaises* (1879, in-8°).

La philosophie de M. Durand est le monadisme leibnizien. Pour lui, la substance n'est pas une sorte de « pâte amorphe » dont seraient faits les êtres. Ce n'est là qu'une apparence, derrière laquelle il faut saisir les éléments substantiels qui sont parfaitement simples. Ces unités substantielles sont des unités dynamiques, des centres de force, et ces centres de force sont des centres psychiques, des âmes, des monades. Les monades sont en nombre infini; elles sont liées entre elles par un déterminisme absolu. Mais M. Durand rejette l'idée leibnizienne de la monade souveraine, dominatrice, de la monade divine, créatrice des autres monades. Il tient que le dieu du monothéisme et les dieux du polythéisme sont également des abstractions personnifiées.

(Extrait du *Grand Dictionnaire universel du XIXe siècle*, de Pierre Larousse.)

nous n'avons pas qualité pour prendre parti, notre intention, notre désir ont été entièrement de faire, dans la mesure de nos forces, qu'ils soient entendus tous deux, que la voix de l'un, pour n'être pas répandue au loin par l'écho retentissant des murs de la Sorbonne, puisse néanmoins franchir les limites d'un humble département, et que notre cher vieux Rouergue soit de la sorte mis le plus possible en relief.

Les applaudissements chaleureux qui ont accueilli les paroles de l'orateur ruthénois, non seulement parmi ses auditeurs, mais aussi parmi ceux auxquels elles ont été apportées par la presse locale, ont été pour nous un encouragement décisif à mettre à exécution notre dessein. Parmi les très nombreuses lettres d'adhésion et de félicitation que M. Durand a reçues, et qu'il a bien voulu, sur notre demande, nous communiquer, nous nous permettrons d'en reproduire ici une seule; elle est d'un ancien député de l'Aveyron, qui dans de précédentes législatures avait conquis une situation parlementaire considérable, due tout entière à son mérite, et qui continue d'occuper une place très haute dans l'estime et l'affection de ses compatriotes aveyronnais. L'honorable correspondant s'exprime ainsi :

« ...Vous n'êtes sans doute pas sans avoir remarqué que la plus grande, ou du moins l'une des plus grandes satisfactions que puisse éprouver un être pensant, c'est de voir formuler d'une manière complète, lumineuse et définitive, ses propres convictions.

On avait entrevu la vérité, ébauché certains côtés du problème, et d'un seul coup on voit disparaître les ombres, et la solution absolue, irréfutable, éclate éblouissante. J'ai goûté ce plaisir dans toute sa plénitude en lisant votre discours au banquet des anciens élèves du lycée. Combien vous avez raison, et — ce qui est plus difficile peut-être — comme vous savez avoir raison ! Savez-vous, par exemple, que votre harangue, dite par Jules Simon ou par Renan à Paris, aurait révolutionné la presse, et qu'on en aurait parlé même à la Bourse? Mais notre bon Rouergue est un pays un peu ingrat pour les honnêtes gens de bonne volonté, et à plus forte raison pour les esprits supérieurs qu'il ne sait pas apprécier à leur valeur. Du reste — et vous me pardonnerez cet accès de philosophie — il faut bien que les faux prophètes vivent... »

Un membre distingué de l'Université, étranger au département de l'Aveyron, a apporté à notre orateur un autre précieux témoignage sous la forme d'un article inséré dans le *Courrier de l'Aveyron*, journal de Rodez. Nous allons mettre encore sous les yeux de nos lecteurs cette appréciation magistrale en regrettant que l'auteur, pour des motifs très apparents, ait cru devoir se voiler sous un pseudonyme :

« Je n'ai pas eu l'honneur d'assister au banquet des anciens élèves du lycée de Rodez et d'entendre le discours remarquable du président de la fête. C'est dans les colonnes de ce journal, qui s'est empressé de faire grande place à cette belle pièce de vraie éloquence, que j'ai lu, avec le plus grand intérêt et la plus vive admiration, la « harangue » de M. Durand.

« Je ne sais donc pas si M. Durand est ce « pauvre laboureur », ce paysan du Danube ou de l'Aveyron qu'il se glorifie d'être en se refusant l'éloquence du personnage de La Fontaine. Je ne sais pas si son menton nourrit une barbe touffue, s'il a l'air d'un ours, d'un ours mal léché, s'il a le regard de travers, nez tortu, grosse lèvre, et s'il se ceint d'une ceinture de joncs marins. — Mais j'aime à croire qu'il n'a aucun de ces attributs, qui seraient peu fin de siècle. Ce qui est certain, c'est qu'il a traité son sujet avec un bon sens et une profondeur qui ne peuvent manquer d'être remarqués par tous ceux qui s'intéressent à cette question importante de l'éducation secondaire.

« Je ne me souviens pas d'avoir écouté ou lu un discours de distribution de prix avec plus d'attachement. En fait, je serais resté très sceptique devant les mêmes arguments présentés par mon professeur de seconde. Il y a au contraire quelque chose de neuf, de piquant, et en même temps quelque chose qui donne à la thèse soutenue une singulière autorité, dans ce fait de l'enseignement secondaire défendu et exalté par un homme qui semble désigné pour chanter l'enseignement spécial, par un agronome, par un représentant de la science pratique et des études appliquées. A voir ensuite la facilité, l'abondance, le talent avec lequel l'orateur a présenté son apologie de l'éducation classique, on ne peut que se laisser convaincre et applaudir sans réserves.

« Je soupçonne fort M. Durand d'être un raffiné, un homme qui a reçu une excellente éducation classique, et qui en a profité, et qui sait en jouir; je le soupçonne d'avoir été un « fort en thème » (1), mais de la bonne souche, de ceux qui excellent en toutes choses comme en élégances latines. Il doit être de ces artisans lettrés dont il parle, de ces travailleurs qui savent se récréer « à relire leurs chers vieux auteurs aux heures de relâche ». Il est un de ces « enfants drus et forts d'un bon lait qu'ils ont sucé », qui, loin de mordre leur nourrice, défendent et glorifient l'*Alma mater*.

« Essayer de reprendre son argumentation ou la résumer serait ridicule. Tous ses lecteurs ont dû, comme moi, se laisser entraîner par la phrase aisée et agréable de l'orateur, par l'ordre clair et serré de ses idées, et l'intérêt du sujet sauvegardé jusqu'au toast final à l'instruction secondaire. On ne peut que féliciter M. Durand du sujet choisi et de l'éloquence avec laquelle il l'a traité, et le remercier d'avoir ainsi défendu une cause chère à tous ceux qui sont jaloux de garder pour les Français la supériorité intellectuelle qu'ils auront toujours sur les habiles commerçants, les grands hommes d'affaires et les manufacturiers d'autres contrées qui se vantent d'être plus pratiques que nous...

(1) Ceci est une allusion à un passage du discours de M. Durand.

« Que ceux qui ont trop admiré John Bull et son cousin Jonathan, et se sont épris d'enthousiasme pour l'enseignement spécial, relisent encore une fois le discours de M. Durand, et qu'ils gardent par écrit

....., Ce qu'avait dit cet homme,
Pour servir de modèle aux parleurs à venir. »

(*Courrier de l'Aveyron*, du 18 mars 1891.)

Ne connaissant pas notre compatriote, l'auteur du joli article qu'on vient de lire émet au sujet de sa personne un doute mêlé de curiosité que nous croyons devoir faire cesser. M. Durand (de Gros), bien que paysan très authentique, paysan en sabots (ce qui, à nos yeux, n'ôte rien à son mérite), ne ressemble que de loin au personnage dont le fabuliste s'est plu à faire, non un portrait, mais une caricature peu vraisemblable; pourtant, une chose à laquelle M. Durand ressemble encore bien moins, c'est « un raffiné », un « fin de siècle ». Notre orateur, notre savant, notre philosophe, notre agriculteur rouergat, bien que ne portant pas la ceinture de joncs marins et se vêtant avec décence; bien que possédant ordinairement une voix exempte de raucité et de rudesse, et ne manquant ni de politesse ni d'aménité, a cependant un trait commun avec l'homme du Danube : il est partisan un peu farouche de la vérité et de la ligne droite en toutes choses; c'est un intransigeant à sa façon, n'admettant ni loi ni compromis qui lui interdirait de dénoncer l'erreur partout où il croit la voir, et qui même la signale de préférence chez ses amis — qui aime bien châtie bien — et chez les tout-puissants détenteurs de l'autorité scientifique, philosophique ou autre! En faut-il plus pour s'expliquer la contradiction de cette existence, éminemment faite pour la plus haute culture intellectuelle, et rivée au travail de la terre (1)? Mais de plus habiles se sont exercés avant nous à rendre les traits de cette physionomie originale; nous allons mettre deux de ces silhouettes sous les yeux de nos lecteurs en leur faisant remarquer qu'elles ont été prises sous des aspects un peu différents, et par un crayon qui fut, d'une part, celui d'un ami très bienveillant, et, de l'autre, celui d'un critique amer et acerbe.

Vérité en deçà de l'an de grâce 1880 de par la

(1) En 1887, bien qu'il eût déjà la soixantaine, M. Durand (de Gros) avait éprouvé une velléité de rentrer dans la carrière scientifique. Mais il renonça à cette idée en présence de l'hostilité violente qui se réveilla tout à coup, à l'annonce de ses projets, chez les hauts et puissants seigneurs de la science et de la philosophie auxquels il avait fait autrefois de cruelles blessures en les convainquant d'erreur sur des points de doctrine essentiels. Ce n'est pas que la combattivité, très développée chez notre Rouergat, eût vieilli en lui : mais reprendre l'ancienne lutte lui eût imposé de nouveaux et très lourds sacrifices matériels devant lesquels il dut reculer. Il était pourtant fortement encouragé à rentrer dans la lice par plusieurs de nos savants des plus haut placés ; M. Marey, l'éminent physiologiste du Collège de France, membre de l'Institut, était l'un d'eux. Il écrivait, à la date du 22 octobre 1887, à notre compatriote, une lettre dont nous extrayons le passage suivant :

« Je viens de lire votre livre (il s'agissait des *Origines animales de l'Homme*), et je l'ai admiré d'un bout à l'autre ; la puissance des arguments, la profondeur des vues, le charme de l'exposition, m'ont passionné. Je félicite la Zoologie de votre retour à la science, et vous souhaite de continuer votre œuvre si importante déjà. »

résipiscence tardive de la Faculté, représentée par les professeurs Charcot, Ch. Richet, Beaunis, Bernheim, etc., l'hypnotisme et la suggestion, au delà de cette date, n'étaient qu'erreur et mensonge. Aussi M. Durand (de Gros), premier importateur et théoricien, dès 1853, de ces hérésies d'alors, était-il fort malmené par certains critiques de notre presse médicale, qui n'avaient pas encore trouvé leur chemin de Damas. Le docteur Maximin Legrand, rédacteur de l'*Union médicale*, se montrait particulièrement intraitable et violent vis-à-vis de la science nouvelle et de son apôtre; cependant, dans un article d'*éreintement* (l'*Union médicale* du 3 janvier 1867) dirigé contre l'entreprise scientifique de M. Durand à propos de son dernier ouvrage, il voulait bien distinguer entre l'œuvre et l'ouvrier, et faisait comme il suit la part de l'un et la part de l'autre :

« ... Il suffit de voir M. Durand, disait-il, pour être convaincu de sa parfaite loyauté (1) : son abord est franc, spirituel, ouvert, éminemment sympathique.

(1) Il est digne de remarque, et nous nous plaisons à faire remarquer que la haute honorabilité de notre compatriote n'a pas été moins appréciée que son savoir et son talent, et que ses adversaires eux-mêmes se sont fait un devoir de la proclamer. Quand parut son traité de l'*Électro-dynamisme vital*, en 1855, les phénomènes d'hypnotisme et de suggestion affirmés et expliqués dans cet ouvrage paraissaient alors si extraordinaires, que notre presse scientifique se refusait en général à croire l'auteur sur parole, et que certains doutes peu flatteurs pour lui furent émis à cet égard dans certains journaux. C'est à ce propos qu'un éminent rédacteur de la *Gazette médicale de Paris*, Louis Peisse, membre de l'Institut et de l'Académie de médecine, porta le jugement suivant dans un long article de ce journal (numéro

J'aurais été charmé de lui rendre, en parlant de ses ouvrages, le même plaisir que j'avais trouvé dans nos trop rares rencontres; mais quoi! la lecture de ses livres est loin de m'être aussi sympathique que sa personne, et, à part les magnétiseurs de profession — avec lesquels je ne lui fais pas l'injure de le confondre, — il n'est pas d'homme qui ait écrit des choses, à mon sens, plus inacceptables. »

Les citations suivantes sont de la *Gazette médicale de Paris*, numéro du 6 février 1869. Elles sont extraites d'un long article du docteur J.-M. Guardia, un grand érudit, qui était alors sous-bibliothécaire de l'Académie de médecine. Cette page est une défense chaleureuse de notre compatriote, qui nous permet d'entrevoir les luttes où il était alors engagé, et nous montre son profil moral dans un portrait de philosophe. L'article débute par cette citation d'Horace :

Fortem crede bonumque.

Horat. Flacc. Ép. I, 9.

« Un auteur, dit ensuite le docteur Guardia, n'expose jamais mieux ses idées que lorsqu'il est obligé de les

du 23 février 1856) consacré à l'*Électro-dynamisme vital* : « L'ouvrage et l'auteur, déclarait-il, sont également et hautement respectables au point de vue de la science et à celui de la moralité. » Et dernièrement, M. le docteur Ch. Richet, professeur de physiologie à la Faculté de médecine de Paris et directeur de la *Revue scientifique*, dans un article de la *Revue philosophique* (numéro d'avril 1891) où il se prononçait contre les conclusions d'un travail de M. Durand, publié dans le même recueil, préludait à sa critique par cette précaution oratoire : « J'ai pour les travaux et le caractère de M. Durand (de Gros) une très respectueuse estime. »

défendre contre des critiques injustes. M. Durand (de Gros) a exposé et défendu les siennes avec beaucoup de verve dans un opuscule que nous devons à l'Intolérance dogmatique et doctorale (1), qui rejette avec dédain et de parti pris toute nouveauté, et qui n'entend pas que la philosophie s'affranchisse de l'autorité de la tradition, du joug de l'École et de l'Église. Selon nous, M. Durand, qui est une forte tête, a fait beaucoup d'honneur à son censeur en le réfutant... Le vrai philosophe ne cherche pas ses avantages; il ne tient compte des convenances qui gênent son originalité et sa conscience; il n'écrit ni ne parle par complaisance, mais par devoir; il se passe très bien de ces distinctions vaines et de l'approbation banale que le monde ne ménage point aux flatteurs et aux complaisants... De là le succès des intrigants. Le vrai savant est comme le sage, il n'entend rien à la diplomatie. Aussi le philosophe qui sort de son trou offre-t-il un spectacle singulier. Il a d'abord contre lui les deux grandes qualités qu'on pardonne le moins, l'originalité et la sincérité. Sans les indifférents et les curieux, l'animal bizarre et incommode serait bientôt obligé de rentrer sous terre; car ceux qui jouent la comédie sur la scène du monde n'aiment pas à être dérangés dans leur jeu... Un esprit original, un caractère ferme, une intelligence forte et des convictions solides, c'est plus qu'il n'en faut pour rendre un homme suspect. On commence

(1) *La Philosophie physiologique et médicale à l'Académie de médecine*, broch. in-8°. Paris, 1868.

par le considérer bien attentivement, tout en faisant semblant de ne pas le voir; et quand on l'a bien étudié, s'il est à craindre, on le tient à l'écart; et si l'on ne peut l'enterrer, et qu'on se trouve forcément sur son passage, on a recours à deux armes bien dangereuses, quoique bien usées, le dédain et le ridicule. C'est avec ces deux armes peu loyales que se défendent les peureux et les habiles qui redoutent le voisinage, la proximité, l'ombre même d'un homme dont la valeur est réelle, et qui ne sait pas cacher son jeu. M. Durand sait désormais à quoi s'en tenir sur les prétendus savants qui l'ont accueilli avec tant de bienveillance à l'Académie de médecine et ailleurs... »

Cette philippique *pro amico*, dont nous ne donnons qu'un passage, qui n'est pas le plus vif, coûta à l'auteur sa place de bibliothécaire de l'Académie de médecine, ce qui causa à M. Durand un profond chagrin, dont il ne s'est pas consolé jusqu'à ce jour.

Mais ne tardons pas davantage à faire entendre notre cher orateur ruthénois.

L'INSTRUCTION SECONDAIRE

Appelé à présider le banquet annuel de l'Association des anciens élèves du lycée de Rodez, qui a eu lieu cette année le 8 mars, M. Durand (de Gros) a été complimenté en ces termes par le Secrétaire général de la Société, M. Albenque, ancien adjoint au maire de Rodez :

« Monsieur le Président,

« C'est de l'absence, forcée et regrettable, des président et vice-président de l'Association, que me vient l'honneur de me trouver à cette place, de me faire auprès de vous l'interprète des sentiments d'estime et d'affection de tous vos camarades, et de vous remercier, au nom du Comité, d'avoir accepté la présidence de ce banquet essentiellement amical.

« Je n'ai pas à faire ici votre éloge, chacun de nous connaissant de longue date la valeur considérable de vos nombreux ouvrages scientifiques et littéraires, aussi bien que celle de vos non moins nombreux succès agricoles.

« A ceux, assez rares d'ailleurs je suppose, qui pourraient nous objecter que, en fait d'agriculture, le sillon était tout tracé devant vous, et que, pour aboutir, vous n'aviez d'autres efforts à faire qu'à suivre les errements de l'agronome éminent dont le nom, que vous portez si dignement, restera longtemps encore attaché à la merveilleuse et féconde transformation des principales cultures de notre pays (transformation qui, vous ne l'ignorez pas, ne fit pas tout d'abord l'admiration de ses contemporains);

« A ceux-là, nous répondrions hardiment, au risque de gêner quelque peu votre modestie, qu'une pareille appréciation de vos mérites est tout à fait contraire à celle qu'en ont bien souvent formulée ailleurs des personnes des plus autorisées et que, en agriculture comme en toute autre chose, vous n'avez jamais oublié que « noblesse oblige ».

« Après avoir levé mon verre en votre honneur, je vous propose, Monsieur le Président, de boire à l'expansion et au rayonnement de notre utile et bienfaisante Association. »

A ces compliments de bienvenue, M. Durand a répondu :

« Monsieur le Secrétaire général,

« Les paroles si hautement flatteuses que vous venez de m'adresser me touchent profondément; je sens, croyez-le, tout le prix d'un éloge décerné par un homme de votre valeur; mais j'ai été particulièrement sensible au soin que vous avez pris de rappeler à propos de moi la mémoire de mon père, et ce qu'il a fait pour le pays comme agriculteur.

« Cependant, ne craignez-vous pas, Monsieur le Secrétaire général, que votre vieille amitié pour moi s'en fasse accroire sur mes mérites et vous les fasse regarder à travers des lunettes complaisantes qui les amplifient, alors que votre modestie vous ferme les yeux sur les vôtres ? Vos mérites, Monsieur le Secrétaire général, si vous les ignorez, nous savons les apprécier, et c'est sans crainte d'être désavoué par aucun de nos camarades que je me fais ici leur interprète pour vous offrir le tribut de leur haute estime, de leurs fraternelles sympathies, et de toute la reconnaissance qui vous est due pour les éminents services que vous avez rendus à notre Association, et que, nous l'espérons bien, vous lui rendrez longtemps encore. Je porte la santé de notre digne Secrétaire général ! »

S'adressant ensuite à la réunion, M. Durand a prononcé le discours suivant :

« Chers camarades,

« Quand, à notre banquet de tous les ans, l'un de nos Vatels ruthénois si renommés nous a régalés comme des princes, notre appétit n'est pas encore satisfait, et pour couronner le festin c'est notre président d'honneur lui-même qui doit se mettre en cuisine et nous servir un plat de sa façon. Et nous entendons que ce plat du président soit aussi un morceau de choix, rien de moins qu'un morceau d'éloquence !

« Aussi notre Comité, avec un soin délicat dont nous lui savions gré, s'était appliqué jusqu'ici à choisir, pour présider notre fête, un camarade convenablement qualifié pour que l'attente de la réunion ne fût pas trompée. J'en suis fâché pour lui, pour vous, et pour tout le monde, mais cette fois par exception notre cher Comité n'a pas eu la main heureuse. Qui a-t-il été prendre ? Un laboureur ! Encore si ce pauvre laboureur avait à sa disposition l'éloquence du paysan du Danube..., mais c'est tout au plus s'il possède celle d'un paysan de l'Aveyron. C'est que, Messieurs, autre chose est savoir manier la charrue, et autre chose savoir manier la parole. Vous allez bien vous en apercevoir.

« Quel est le rôle du lycée dans notre société ? Cette question est faite pour nous intéresser, j'imagine ; je l'ai prise pour sujet de mon speech obligatoire.

« Ce rôle, chers camarades, m'apparaît beaucoup plus grand, beaucoup plus élevé, beaucoup plus beau que celui auquel l'opinion commune prétend le réduire, c'est-à-dire à celui de pourvoyeur de sujets pour les deux professions d'avocat et de médecin.

« Tout en nous gardant de tirer vanité de nos avantages, et surtout de faire mépris d'autrui, nous pouvons, je crois, nous dire entre nous qu'avoir fait ses classes (quand on les a faites pour tout de bon), qu'avoir étudié les langues anciennes et leurs littératures, et s'être frotté un certain temps de lettres et de philosophie, met une distance très appréciable, considérable même, entre celui qui a passé par cette discipline et celui qui ne l'a point connue, et fait du premier (toutes choses égales d'ailleurs, s'entend) le supérieur marqué, manifeste, incontestable du second, et comme valeur intellectuelle, et comme valeur morale. En effet, ce qu'on nomme l'enseignement secondaire nous élève, pour ainsi dire, sur des sommets culminants d'où la vue s'étend au loin, d'où l'on voit les choses de haut, par leurs grands côtés, dans les rapports multiples qui les joignent les unes aux autres, et dans leur ensemble. Et cela donne une compréhension plus large et plus juste en donnant des termes de comparaison nombreux, et en même temps cela dispose à la bienveillance et à l'équité par harmonie de l'esprit et du cœur. Au contraire, l'enseignement primaire, et cet enseignement spécial tant en faveur de nos jours, laissent (pour continuer ma figure), laissent les esprits dans la vallée, vallée plus ou moins resserrée et plus ou moins obscure, et leur permettent de monter tout au plus jusqu'à mi-côte, pour les arrêter là à jamais devant un horizon étroitement borné, c'est-à-dire le petit bois ou le rocher d'en face, auquel on s'habituera à croire que finit le monde, faute de voir plus loin. De là des points de vue étroits, qui communiquent leur étroitesse aux idées et aux sentiments.

« Et d'ailleurs, la fréquentation journalière, durant huit ou neuf années, des grandes figures de l'histoire ancienne, qu'est-ce qui peut remplacer cela pour tremper les caractères, pour leur communiquer l'élévation et la force, pour nous donner, en un mot, la virilité de l'âme dans sa plénitude?

« C'est donc un bien grand privilège, mes chers camarades, d'avoir reçu l'instruction du lycée, si nous avons été aptes à nous l'assimiler; car tous ne le sont pas; et, soit dit en passant, on ne saurait trop déplorer que cette instruction de luxe soit prodiguée à des intelligences qui y répugnent, qui s'y montrent invinciblement rebelles, et cela à l'exclusion de tant d'autres qui en seraient avides et chez qui cette précieuse semence rendrait le cent pour un.

« Oui, j'y insiste, c'est un privilège, un privilège sans égal, que d'avoir été admis à la grande initiation de notre école; et maintenant j'ajoute que pour racheter une prérogative pareille, un devoir non moindre est à remplir. Ce devoir, c'est de ne pas permettre aux rigueurs de l'existence et aux influences contraires du milieu, quelles qu'elles soient, d'étouffer en nous la flamme sacrée dont la consécration du lycée nous a institués dépositaires. C'est en effet un dépôt qui appartient à la communauté entière, et s'il a été confié à quelques-uns seulement, il faut qu'ils le sachent, c'est pour le bien de tous.

« En d'autres termes, et pour parler net, supprimez le lycée, supprimez l'instruction qu'on y donne, et la civilisation s'abaisse brusquement et retombe à l'état de demi-barbarie. Et le puissant développement des sciences proprement dites, qui est la gloire du temps moderne, n'empêcherait pas cette chute, car les sciences particulières, retranchées des idées générales qui leur viennent d'une source plus haute, qui les guident et les vivifient par la méthode, et les relient l'une à l'autre comme autant de membres d'un seul corps, retomberaient inévitablement dans leur ancien état d'incohérence, d'empirisme et de débilité. Et cela dit, pour que le mouvement ascendant de notre civilisation ne soit pas arrêté, et pour qu'après l'arrêt ce ne soit pas le recul, ajoutons que ce serait trop peu que l'instruction du lycée fût départie à quelques privilégiés s'ils n'attendaient que le moment de quitter la maison pour se hâter de désapprendre ce qu'ils y ont appris, pour se hâter de dépouiller leur esprit des ornements dont il y a été paré, et de jeter ces ornements au ruisseau comme des oripeaux ridicules; c'est-à-dire pour s'égaler à la foule profane, au lieu de rester pour elle un exemple supérieur, un enseignement vivant, un stimulant continuel à s'élever.

« Le malheur est que dans notre milieu social actuel il s'est développé des forces d'une nature toute nouvelle qui concourent toutes à dégrader, à ruiner l'œuvre du lycée sitôt sortie de ses mains, et avant même, dirais-je presque. Je demande à appeler votre attention sur ce point intéressant.

« La distribution banale et quasi obligatoire de l'instruction secondaire aux fils de la bourgeoisie sans égard aux dispositions naturelles des sujets, a multiplié ce qu'on appelle les « fruits secs », dont beaucoup, ne pouvant pénétrer dans les carrières libérales, qu'ils avaient en vue, dédaignent de se rabattre sur l'agriculture, l'industrie, le commerce, et deviennent trop souvent des oisifs à la charge des leurs et de la société. D'un autre côté, on voit nombre de familles de travailleurs, parvenues par le labeur et l'économie à une petite aisance, s'imposer de lourds sacrifices pour donner à leur fils la plus haute instruction possible, et éprouver à leur tour, bien souvent, un cruel mécompte pour n'avoir écouté que l'ambition paternelle sans s'être assurées d'abord de la vocation de l'enfant, et aussi des ressources indispensables pour le soutenir jusqu'au moment, souvent éloigné, où il pourra voler de ses propres ailes. De là ce qu'on appelle les déclassés, qui menacent de former bientôt à eux seuls une classe nouvelle.

« En présence de cette masse encombrante des fruits avortés de l'enseignement des lycées et des collèges, on s'est pris à douter de l'utilité en soi de cette culture littéraire et philosophique, si coûteuse à la fois de temps et d'argent, et qui en apparence ne répond pour ainsi dire à aucun des besoins de l'instruction professionnelle, d'ailleurs très diverse, dont elle est le prélude. Et un tel jugement a paru décidément confirmé par cette observation plus ou moins exacte que, même dans les carrières dites libérales (mise à part toutefois celle de l'enseignement), ce ne sont pas les « forts en thème » qui font le mieux leur chemin, et que pour arriver l'essentiel est de posséder les règles de son métier, et avec cela, surtout, une bonne dose de savoir-faire. De tout cela on a conclu qu'il fallait laisser l'étude des langues et littératures anciennes à des désœuvrés curieux et amateurs de ces belles futilités, c'est-à-dire à ceux qui ont du temps à perdre, et que tous ceux qui apprennent en vue d'une pratique sérieuse de la vie, c'est-à-dire pour gagner leur pain ou augmenter leur fortune, doivent se borner à un rapide et sommaire dégrossissement intellectuel de leur individu au moyen de quelques études préparatoires plus ou moins primaires, et mettre ensuite tout leur temps et toute leur application à acquérir la technique de l'art qu'ils entendent exercer.

« Eh bien, Messieurs, je dis qu'une telle manière de voir, qui est en voie de se généraliser, est une erreur des plus malfaisantes, des plus dangereuses. Même alors que l'ancien lycéen devenu avocat, médecin, pharmacien, ingénieur, employé, homme d'affaires, homme politique, cultivateur, industriel ou boutiquier, semblera avoir oublié tout le grec et tout le latin que ses parents lui avaient fait mettre bon gré mal gré dans la tête à grand renfort d'argent et de pensums, en le tenant pendant huit ou neuf ans dans un lycée, je dis qu'il lui en restera quand même quelque chose, et que cette chose se trouvera être encore excellente. Ce qui lui restera, c'est le pli, c'est la forme nouvelle que ces longues études (qu'aujourd'hui on déclare beaucoup trop longues, et qui ne sont que trop courtes) ont fait prendre insensiblement, peu à peu, mais pour toujours, à son esprit ; ce sera premièrement le savoir penser, ce qui est tout aussi peu inné à l'homme que de savoir nager ; ce sera l'habitude de mettre ses idées en bon ordre, de raisonner avec suite, justesse et précision ; ce sera le tact, le bon goût, le sens de la mesure et de l'à-propos en toutes choses ; ce sera le besoin, devenu instinctif, de tout soumettre, projets, désirs, passions, conduite, au contrôle de la logique ; ce sera la dignité de la tenue, la notion et le sentiment de ce qui est noble et délicat, et l'éloignement pour ce qui est bas et grossier ; ce sera encore la force du moral accrue ; ce sera enfin l'âme de l'homme développée, améliorée, transformée par la culture à l'instar de la pomme et de la poire sauvages de nos bois, si chétives et si âpres, dont les soins intelligents et persévérants du jardinier parviennent à la longue à faire ces fruits beaux et délicieux qui figurent avec tant d'honneur sur nos tables.

« Oui, Messieurs, même quand par une négligence coupable nous avons laissé s'effacer en nous les empreintes de l'éducation classique, il en subsiste quand même une trace indélébile, qui reste encore malgré tout une marque de supériorité. Que serait-ce donc si le cachet avait conservé tout son beau relief ? Eh bien, c'est ce qu'il faut religieusement conserver, et ici c'est surtout à nos jeunes camarades que je m'adresse, car pour eux il est encore temps d'aviser, tandis que pour nous autres, hélas ! il est trop tard.

« Permettez-moi d'insister encore sur mon sujet, qui me tient à cœur, au risque de vous lasser.

« Je le répète, il n'est pas d'idée plus fausse et plus pernicieuse que celle de reléguer l'enseignement classique au fond d'un musée, comme une antiquaille hors d'usage, pour installer à sa place l'enseignement spécial. On nous crie de tous côtés que le grand principe de la division du travail a fait ses preuves, qu'il a réalisé des prodiges dans l'industrie, qu'on doit se hâter de l'introduire dans l'éducation, où il ne peut manquer de faire également merveille. Cette tendance est déplorable. Le régime de la spécialisation à outrance, pour peu qu'il dure et s'étende encore, tuera la science et dégradera l'esprit humain. Une belle avance, quand le spécialisme, poussé à ses dernières limites, nous aura donné des ouvriers capables de faire des milliers de têtes d'épingle en une heure, mais incapables de toute autre chose; quand il nous aura dotés d'un corps médical morcelé en oculistes, auriculistes, laryngistes, gastristes, hépatistes, névristes, etc., où chaque praticien excellera peut-être dans le tour de main de sa spécialité minuscule, mais dont pas un ne sera véritablement médecin, n'en étant qu'une fraction, qu'un morceau; quand, grâce à lui, nous aurons des artistes tellement bien cantonnés et claquemurés dans leur art, qu'il n'y aura plus accès dans leur tête que pour des notes de musique, ou pour des lignes et des couleurs!

« Que l'enseignement spécial parvienne de la sorte à créer de prodigieuses machines à figure humaine, c'est possible; mais il aura échoué dans l'essentiel, il n'aura pas su faire des hommes. Or, Messieurs, ce sont avant tout des hommes qu'il faut à la société; et alors je demande que l'enseignement secondaire soit plus que jamais en honneur, et qu'il soit reconnu et proclamé d'intérêt national au premier chef.

« Je demande qu'au lieu de ne faire des lettrés que tout juste ce qu'il en faut pour ne pas en laisser éteindre l'espèce, comme certains le veulent, on les multiplie le plus possible, non point en répandant l'instruction classique sans choix, au hasard, à tort et à travers, comme on l'a fait jusqu'ici, mais en la réservant à ceux qui sont aptes à en tirer profit.

« Je vois venir votre objection, Messieurs, et je reconnais que cette objection est grave. Je vous entends me dire : Toutes les carrières libérales sont déjà encombrées, bondées, engorgées, au point qu'on s'y foule et qu'on s'y écrase, et vous voulez encore accroître ce trop plein de candidats, qui est déjà énorme et effrayant !

« Je maintiens ce que j'ai dit : Il faut donner avant tout à la société des hommes, et le plus possible, et j'entends par là des êtres humains amenés à leur plein développement intellectuel et moral par la culture; et c'est le lycée seul qui le peut, et non l'école primaire ou l'école spéciale. — Mais que va-t-on faire ensuite, direz-vous, de toutes ces fournées d'esprits cultivés venant s'entasser sans cesse les unes sur les autres ? Les maladies et les procès, et aussi les emplois publics grassement rétribués, vont-ils donc se multiplier à l'envi pour donner à vivre à ce déluge d'avocats, de médecins et d'aspirants hauts fonctionnaires, que vous aurez déchaînés sur la malheureuse société comme des nuées de sauterelles?

« Eh bien, je me décide à prendre le taureau par les cornes, à attaquer de front un préjugé stupide, bien que tout-puissant. Les « professions libérales! » Traduction : les professions qui appartiennent aux seuls hommes libres, les autres étant pour les seuls esclaves.

« L'esclavage a beau avoir disparu chez nous depuis un temps immémorial, le mépris du travail industriel, qu'il avait fait naître, n'en subsiste pas moins; et c'est ce qui fait qu'aujourd'hui même l'aristocratie de l'instruction et de l'éducation estime que c'est déroger, que c'est consommer sa déchéance, que de se caser dans une usine, une officine, un atelier, une boutique, quand on a été élevé avec ceux et comme ceux qui portent la robe d'avocat, la robe de professeur, ou qui ont coiffé le bonnet de docteur en médecine. Telle est l'opinion, et l'opinion, ce n'est que trop vrai, est reine du monde; dans la pratique de la vie, on est donc excusable de compter quelquefois avec cette puissance. Mais ici le sentiment public est égaré d'une façon si malheureuse, si dangereuse, qu'il n'est pas permis de ne pas faire tous ses efforts pour le ramener. Cette conversion, d'ailleurs, a déjà commencé par certains côtés; il n'y a plus qu'à l'activer et à l'étendre. N'a-t-on pas vu, dans le courant d'un siècle ou deux, plusieurs de ces professions bêtement appelées serviles être anoblies tout à coup? Je me rappelle le temps, et les rares contemporains que je puis avoir à cette table s'en souviendront comme moi, où la condition sociale du vétérinaire allait juste de pair avec celle du maréchal ferrant; où les vétérinaires de l'armée étaient assimilés aux brigadiers ou aux maréchaux des logis tout au plus, et ne pouvaient dépasser ce grade. Aujourd'hui, la médecine vétérinaire siège à l'Académie de médecine et à l'Institut, à côté de la médecine humaine, et ses représentants dans l'armée ont rang d'officiers comme les médecins militaires. Cette même révolution s'était opérée antérieurement au profit de la chirurgie et de la pharmacie; qu'est-ce qui l'a amenée dans tous ces divers cas? Une seule et même cause : le baptême de l'instruction scientifique et littéraire donné à ces différents arts. Maintenant, je dis que les autres doivent avoir leur tour. En est-il guère, jusque parmi ceux réputés les plus humbles, qui ne relèvent pas de la science pure et de la haute science? L'excellent repas auquel nous venons de faire honneur appelle naturellement mon attention sur l'art culinaire ; cet art n'est-il pas aussi rapproché de l'hygiène que la pharmacie l'est de la thérapeutique ? N'est-il pas une application très complexe, très délicate, très ingénieuse des lois de la physique, des lois de la chimie, des lois de la physiologie, de l'histoire naturelle, et ne mérite-t-il pas au plus haut degré, dans le double intérêt de la santé et du plaisir, d'être arraché à son empirisme pour devenir une très précieuse et très noble science appliquée? Et quand les disciples de Vatel et de Carême sauront raisonner leurs procédés, sauront les justifier et les perfectionner en les rapportant aux sciences compétentes, que leur manquera-t-il donc pour avoir à leur tour leur place à l'Institut? Et pourquoi alors l'instruction classique leur messiérait-elle plus qu'elle ne messied au médecin, au pharmacien, au naturaliste, à l'orateur lui-même? Rejetons loin de nous cette idée surannée que certaines professions réclament seules des sujets instruits et bien élevés, et que les autres ne comportent que des ignorants et des malotrus. J'ai connu, étant enfant, dans notre ville de Rodez, plusieurs artisans lettrés qui, sans négliger leur travail professionnel, où ils excellaient, se récréaient à relire leurs chers vieux auteurs aux heures de relâche, pendant que leurs confrères allaient se distraire au cabaret. Les affaires n'en souffraient pas, au contraire, et la modeste profession en était singulièrement rehaussée. On l'a dit : Il n'y a pas de sot métier, il n'y a que de sottes gens. Que les arts manuels se *scientifient*, passez-moi ce néologisme, qu'on rencontre chez ceux qui les pratiquent de l'instruction et de la politesse, et le métier se relèvera aussitôt de son humiliation et prendra rang parmi les plus honorés. L'homme cultivé cessera alors de se sentir retenu de mettre la main à l'outil par la crainte de perdre sa caste.

« L'influence de l'instruction littéraire est surtout morale et civilisatrice, et dans toutes les conditions sociales il me semble qu'on en a un égal besoin. Sauf quelques favorisés de la fortune, qui la plupart du temps n'en sont pas plus heureux, nous avons tous notre meule à tourner, nous avons tous notre tâche professionnelle, qui est rarement celle de notre goût, et qui même alors ne laisse pas que de devenir lourde et de nous lasser par sa continuité et sa monotonie quotidienne. Ce poids du travail, porté toute la journée, fait naître, le soir venu, un besoin de délassement et de diversion d'autant plus exigeant que la fatigue aura été plus longue. Et Dieu sait si par ce temps de *struggle for life* effréné il faut y faire! Et alors que reste-t-il à l'homme inculte pour se récréer et se refaire? Rien que les joies du ventre et du bas-ventre, à l'égard desquelles la capacité de notre nature humaine est de beaucoup au-dessous de celle des autres animaux, ce qui nous constitue alors leurs inférieurs pour la somme de plaisir à goûter. L'esprit cultivé, au contraire, puise dans le trésor du cœur et du cerveau des voluptés infinies qui seules, en vérité, donnent de l'intérêt à l'existence et quelque prix à être homme plutôt que tout autre animal.

« Tous tant que nous sommes, grands et petits, qui avons à faire face aux devoirs d'une profession, nous sommes un peu comme ces mineurs de Sibérie qui sont condamnés à passer leur existence sous terre, c'est-à-dire que notre peine à nous est de travailler sans cesse pour les besoins de la vie matérielle. Mais ceux d'entre nous qui ont eu le bonheur de s'être bien meublé et orné l'esprit auparavant, ont le privilège de sortir par moments de la mine pour revoir le plein jour et respirer le grand air, tandis que les camarades restent attachés dans le souterrain, n'ont jamais devant les yeux que son obscurité, ne respirent jamais que son air impur.

« Permettez-moi d'y revenir encore une fois, Messieurs, je vois un suprême et pressant intérêt à ce que l'instruction secondaire soit répandue de plus en plus et de mieux en mieux ; et au risque de vous paraître forcer un peu trop la note, j'ose ajouter qu'il y va de l'avenir de la civilisation et de notre société française que de promptes et énergiques mesures soient prises dans ce but. Ce qu'il me reste à dire pour compléter ma pensée est peut-être délicat, et Dieu me garde de déplaire ici à qui que ce soit en touchant imprudemment à des questions irritantes. J'espère que, mes bonnes intentions et votre bienveillance aidant, je vais pouvoir me tirer d'affaire sans encourir vos reproches.

« Voici un apologue :

« Un agriculteur possédait un champ qui passait pour bon, et qui nourrissait depuis longtemps sa famille. Mais notre homme était resté étranger aux nouvelles méthodes de la culture savante, et il n'employait pour ses labours que la vieille araire romaine. Aussi la couche végétale recouvrant sa pièce était-elle mince, bien que fertile grâce aux soins qu'il avait mis à l'ameublir, à l'engraisser et à l'amender. Un de ses voisins plus au courant des nouveautés agricoles l'entretient un jour du principe des « labours profonds », et lui explique comme quoi la couche arable de son champ pourrait acquérir beaucoup plus d'épaisseur si une forte charrue traînée par un puissant attelage venait fouiller le sous-sol, le retourner et l'amener à la surface pour mettre ainsi à contribution, au profit de la récolte, ses profondeurs vierges demeurées jusque-là improductives. L'obligeant instructeur s'étendit en même temps sur les divers avantages de ce mode de culture, qui notamment, en ameublissant le sous-sol, y établit comme un drainage pour débarrasser la terre du trop d'eau, et qui la préserve en même temps de la sécheresse en favorisant la capillarité.

« Le propriétaire du champ se laissa convaincre et se mit aussitôt à la besogne. Armé d'un bon instrument et aidé de forts bœufs, il attaque vigoureusement les profondeurs cachées de sa terre ; mais quand il a achevé son œuvre, que voit-il ? Il constate avec désespoir que la précieuse couche végétale qui garnissait la surface de son champ a disparu, ensevelie tout au fond des sillons, et qu'un sol nouveau formé d'argiles compactes, de marnes schisteuses, de sable et de pierraille, a pris entièrement sa place. Le bonhomme se décide pourtant à faire un semis sur cette terre sauvage, mais rien n'y veut pousser. Il allait faire abandon de son malheureux champ frappé de stérilité irrémédiable, en regrettant fort d'avoir aussi imprudemment appauvri son héritage, quand l'idée lui vient de redoubler d'efforts et de sacrifices et de prodiguer façons sur façons et engrais sur engrais à ce champ devenu si ingrat. Il réussit ainsi à l'ameublir, à l'améliorer, à le dompter, et finalement à en retirer des récoltes sans précédent, qui lui rendiront toutes ses avances au décuple.

« Messieurs, le champ dont il s'agit pour vrai dans ma fable, c'est la société française elle-même. L'enseignement primaire obligatoire et l'enseignement spécial sont en train de lui donner le « labour profond » dont nous avons parlé, c'est-à-dire d'enfoncer le soc dans ses couches inférieures, et de les soulever, de les retourner, de les amalgamer avec les vieilles couches de la surface, et de faire de tout cela un sol nouveau. Mais cette transformation radicale est une crise qui n'est pas sans danger ! Le nouveau sol social est sans doute plein de promesses d'une grande fertilité future, mais il se trouverait actuellement et peut-être pour longtemps stérilisé si l'on ne se hâtait de corriger sa crudité par des amendements appropriés généreusement répandus. Ces amendements nécessaires, et qui doivent tout sauver, c'est, à mon sens, l'instruction secondaire donnée avec choix, mais à pleines mains.

« Je bois à l'instruction secondaire ! »

5330. — Imprimeries réunies, rue Mignon, 2, Paris.

PRINCIPAUX OUVRAGES DE M. J.-P. DURAND (DE GROS)

EN VENTE CHEZ FÉLIX ALCAN

Électro-dynamisme vital ou les relations physiologiques de l'esprit et de la matière démontrées *par* des expériences entièrement nouvelles et par l'histoire raisonnée du système nerveux. 1 fort vol. in-8°. Paris, 1855 (sous le pseudonyme de PHILIPS)... 7 fr.

Cours théorique et pratique de braidisme ou hypnotisme nerveux considéré dans ses rapports avec la psychologie, la physiologie et la pathologie, et dans ses applications à la médecine, à la chirurgie, à la physiologie expérimentale, à la médecine légale et à l'éducation (sous le pseudonyme de PHILIPS). 1 vol. in-8°. Paris, 1860.. 3 fr. 50

Essais de physiologie philosophique. 1 gros volume in-8° avec figures. Paris, 1866.................................... 8 fr.

Les Origines animales de l'Homme éclairées par la physiologie et l'anatomie comparatives. 1 vol. grand in-8° avec 42 figures dans le texte. Paris, 1871.................................. 5 fr.

Ontologie et psychologie physiologique. 1 vol. in-12. Paris, 1871.............. .... 3 fr. 50

5350. — Imprimeries réunies, rue Mignon, 2, Paris.

www.ingramcontent.com/pod-product-compliance
Ingram Content Group UK Ltd.
Pitfield, Milton Keynes, MK11 3LW, UK
UKHW020456230726
13925UKWH00005B/1979